Peter Jürgen Stäb

Pflegeblock

Haben Sie Anspruch auf Pflegeleistungen?
Schnellcheck - Leistungsübersicht - Antragstipps
Verschenken Sie kein Geld und/oder Ansprüche

Peter Jürgen Stäb

Pflegeblock

MIX
Papier aus verantwortungsvollen Quellen
Paper from responsible sources
FSC
www.fsc.org
FSC® C105338

Impressum

Titel:

Pflegeblock

Auflage August 2019
© 2019 by Peter Jürgen Stäb

Covergestaltung
© 2019 by Peter Jürgen Stäb

Peter Jürgen Stäb
Birkenweg 3, 56288 Michelbach
Anfragen: pflegeblock@web.de
www.pflegeblock.de

ISBN: 978-3-7528-1662-4

Herstellung und Verlag: BoD- Books on Demand, Norderstedt

Fotos by: Pixabay.com

Vorwort

Mein Name ist Peter Jürgen Stäb. Ich wurde am 16.06.1957 geboren. Zuletzt war ich Teamleiter in der evangelischen Behindertenhilfe. Seit Pfingsten 2017 bin ich ab dem 8/9. Brustwirbel abwärts querschnittsgelähmt.

Ursache war ein T-Zellen Lymphom mit Metastasierung am gesamten Wirbelapparat. In meiner langen Krankenhauskarriere begann ich zu schreiben. Außerdem beschäftigte ich mit der Pflegeversicherung und wollte wissen, ob und was mir zusteht.

Ich habe den Kampf durch alle Widrigkeiten geführt und gebe Ihnen hier mein Wissen weiter – ohne das Zitieren von Gesetzen, also kurz und prägnant auf den Punkt gebracht.

Wer weitere Informationen über meine Arbeiten, mein Schicksal haben möchte, kann man das inklusiv einiger Videos unter www.peter-staeb.de nachschauen.

Peter Jürgen Stäb

Inhaltsverzeichnis

Stehen Ihnen Pflegeleistungen zu?

Viele Menschen haben Anspruch auf Pflegeleistungen, wissen es aber nicht. Es gibt eine einfache und schnelle Methode das festzustellen: Den

Pflegegradrechner

Sie können den kostenlosen Pflegegradrechner auf meiner Homepage www.pflegeblock.de nutzen. Das Ergebnis wird Ihnen direkt angezeigt und als PDF-Datei zugemailt.

Sie finden aber auch kostenlose Pflegegradrechner im Internet. Hilfe auch unter folgender Telefonnummer:

Bürgertelefon – Pflege: 030-340 60 66 02

Was macht der Pflegegradrechner?

Im Pflegegradrechner bekommen Sie die gleichen Fragen gestellt, die auch der MDK (Medizinische Dienst der Krankenkassen) stellt, um Ihre Ansprüche festzustellen.

Das sind Fragen u. a. aus den Bereichen:

+ Mobilität

+ Geistige und kommunikative Fähigkeiten

+ Selbstversorgung

+ Gestaltung des Alltagslebens

Nach Nutzung des Pflegegradrechners wissen Sie, ob Ihnen Pflegeleistungen zustehen. Die Fragen können Sie unter Kapitel **„Begutachtung MDK"** nachlesen.

Pflegegrade

Seit dem 01.01.2017 gibt es fünf Pflegegrade. Sie ersetzen die ursprünglich drei Pflegestufen. Profitieren sollen vor allem Menschen mit Demenz, da nicht mehr nur Körperliche, sondern auch kognitive Beeinträchtigen bei der Begutachtung berücksichtigt werden.

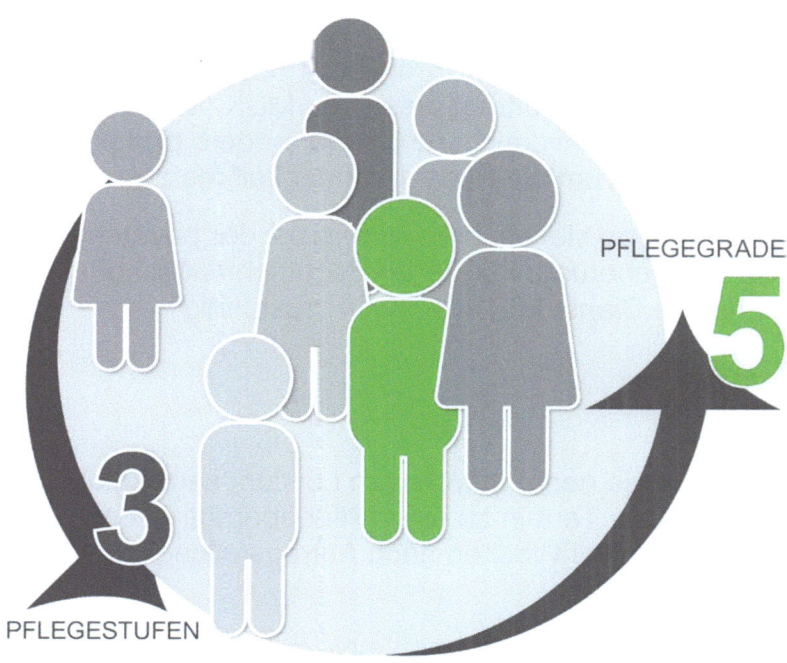

Erste Schritte

Kontaktieren Sie Ihre Kranken-/Pflegekasse oder einen Pflegestützpunkt in Ihrer Nähe.

Stellen Sie einen Antrag zu Feststellung der Pflegebedürftigkeit bei Ihrer Kranken-/Pflegekasse. Das kann auch telefonisch erfolgen.

Die Antragstellung kann auch durch einen bevollmächtigten Familienangehörigen, Nachbarn oder guten Bekannten erfolgen, wenn Sie selbst nicht dazu in der Lage sind.

Sobald der Antrag bei Ihrer Kranken-/Pflegekasse eingegangen ist, beauftragt diese den MDK (Medizinischen Dienst der Krankenversicherung) oder andere professionelle Gutachter/innen um die Pflegebedürftigkeit festzustellen.

Privatversicherte stellen ihren Antrag bei der privaten Krankenversicherung. Für deren Begutachtung ist der Medizinische Dienst MEDICPROOF zuständig.

Wichtig:

Die Pflegekasse nennt Ihnen nach Leistungsantrag direkt einen konkreten Termin zu einer Pflegeberatung, der innerhalb von zwei Wochen nach Antragstellung durchzuführen ist.

Die Pflegekasse benennt Ihnen eine/n Pflegeberater/in, der/die für Sie persönlich zuständig ist oder es wird Ihnen ein Beratungsgutschein ausgestellt.

Bürgertelefon Pflege: 030-340 60 66 02

Leistungen Pflegegrad 1

Personen mit Pflegegrad 1 können den **Entlastungsbetrag** in Höhe von bis zu **monatlich 125.- Euro** geltend machen.

Entlastungsbetrag

Leistungen des Entlastungsbetrags im Sinne § 45b, SGB XI muss von zertifiziertem Personal erbracht werden. Ansonsten ist eine Abrechnung nicht möglich!

Wohnungsnahe Hilfen wie Putzen, Einkaufen usw. können damit finanziert werden. Auch Eigenanteile auf Kurzzeitpflege kann damit begleichen. Informieren Sie s ch bei Ihrer Kranken-/Pflegekasse

Wichtig:

Nichtgenutzte monatliche Entlastungsbeträge werden angespart, aber das nicht genutzte Guthaben verfällt zum 30.06. des Folgejahres.

Der Entlastungsbetrag steht allen Pflegegraden zu.

Leistungen Pflegegrad 2

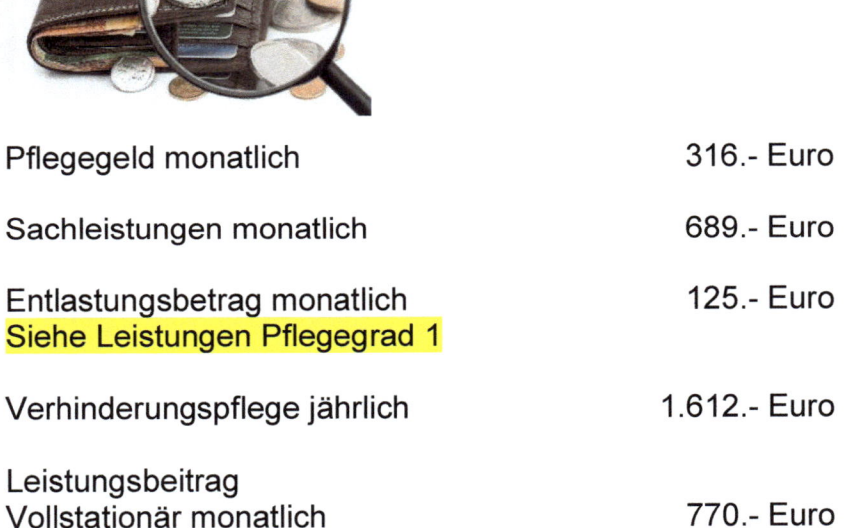

Pflegegeld monatlich	316.- Euro
Sachleistungen monatlich	689.- Euro
Entlastungsbetrag monatlich <mark>Siehe Leistungen Pflegegrad 1</mark>	125.- Euro
Verhinderungspflege jährlich	1.612.- Euro
Leistungsbeitrag Vollstationär monatlich	770.- Euro
Pflegehilfsmittel z. Verbrauch - monatlich	40.- Euro
Wohnumfeldverbessernde Maßnahmen - einmalig	4.000.- Euro

Pflegegeld

Pflege wird in den eigenen vier Wänden durch Privatpersonen sichergestellt. Bei Krankenhausaufenthalt, Reha etc. wird das Pflegegeld längstens 28 Tage weitergezahlt.

Sachleistungen

Die Pflege wird in den eigenen vier Wänden ausschließlich durch einen ambulanten Pflegedienst sichergestellt.

Kombinationsleistungen

Wird der Sachleistungsbetrag in der Höhe nicht ganz ausgenutzt und ist zudem eine Privatperson an der Pflege beteiligt, wird das Pflegegeld anteilig gezahlt.

Beispiel:

Der Pflegedienst rechnet 344,50.- Euro ab. Das sind 50% der Sachleistungen im Pflegegrad 2. Somit werden 50% des Pflegegelds von 316.- Euro, also 158.- Euro ausgezahlt. Die Abrechnung erfolgt also immer prozentual.

Verhinderungspflege

Bei Verhinderung der Pflegeperson übernimmt die Pflegekasse unter Umständen die Kosten für die Ersatzpflegekraft.

Wichtig:

Bis zu 2.418.- Euro kann der Verhinderungspflegebetrag maximal betragen, wenn die Kurzzeitpflege nicht oder nur teilweise ausgeschöpft ist. Sie können auch den Betrag der Verhinderungspflege auf die Sachleistungen anrechnen lassen. So erhalten Sie das volle Pflegegeld bis die Beträge der Verhinderungspflege aufgebraucht sind. Danach wird in Kombinationsleistungen abgerechnet.

Verwandte bis zum 2. Grad können 474 Euro erhalten. Fahrkosten und Lohnausfall können gesondert vergütet werden.

Kurzzeitpflege

Bedeutet ganztägige Unterbringung im Pflege- oder Altersheim, wenn die häusliche Pflege zeitweise nicht gewährleistet werden kann. Maximal können 8 Wochen Kurzzeitpflege pro Kalenderjahr in Anspruch genommen werden.

Wichtig:

Falls Sie die Kurzzeitpflege nicht oder nur teilweise brauchen, können Sie die Hälfte des zustehenden Betrages der Kurzzeitpflege für die Verhinderungspflege nutzen. Somit haben Sie dann 2418 Euro bei der Verhinderungspflege zur Verfügung. Man kann auch generell den Antrag auf stundenweise Verhinderungspflege stellen. Dies hat den Vorteil, dass das ganze Pflegegeld als Geldleistung ausgezahlt wird. Die Leistung der Sozialstation wird dann über die Verhinderungspflege abgerechnet und der Betrag der Verhinderungspflege wird aufgebraucht. Informieren Sie sich bei Ihrer Kranken-/Pflegekasse.

Leistungsbetrag Vollstationär

Diese Leistung wird bei vollstationärer Pflege im Alters- oder Pflegeheim bezahlt. Reicht diese Leistung zur Kostendeckung nicht aus, ist der fehlende Betrag in Eigenleistung zu erbringen.

Pflegehilfsmittel

Z. B. Einmalbettschutzeinlagen, Einmalhandschuhe, Fingerlinge, Desinfektionsmittel für Hände und Flächen, Schutzschürzen, Mundschutz etc. werden monatlich bis 40 Euro bezahlt.

Leistungen Pflegegrad 3

Pflegegeld monatlich	545.- Euro
Sachleistungen monatlich	1.298.- Euro
Entlastungsbetrag monatlich Siehe Leistungen Pflegegrad 1	125.- Euro
Verhinderungspflege jährlich	1.612.- Euro
Leistungsbeitrag Vollstationär monatlich	1.262.- Euro
Pflegehilfsmittel z. Verbrauch - monatlich	40.- Euro
Wohnumfeldverbessernde Maßnahmen - einmalig	4.000.- Euro

Pflegegeld

Pflege wird in den eigenen vier Wänden durch Privatpersonen sichergestellt. Bei Krankenhausaufenthalt, Reha etc. wird das Pflegegeld längstens 28 Tage weitergezahlt.

Sachleistungen

Die Pflege wird in den eigenen vier Wänden ausschließlich durch einen ambulanten Pflegedienst sichergestellt.

Kombinationsleistungen

Wird der Sachleistungsbetrag in der Höhe nicht ganz ausgenutzt und ist zudem eine Privatperson an der Pflege beteiligt, wird das Pflegegeld anteilig gezahlt.

Beispiel:

Der Pflegedienst rechnet 649.- Euro ab. Das sind 50% der Sachleistungen im Pflegegrad 3. Somit werden 50% des Pflegegelds von 545.- Euro, also 272,50.- Euro ausgezahlt. Die Abrechnung erfolgt also immer prozentual.

Verhinderungspflege

Bei Verhinderung der Pflegeperson übernimmt die Pflegekasse unter Umständen die Kosten für die Ersatzpflegekraft.

Wichtig:

Bis zu 2.418.- Euro kann der Verhinderungspflegebetrag maximal betragen, wenn die Kurzzeitpflege nicht oder nur teilweise ausgeschöpft ist. Sie können auch den Betrag der Verhinderungspflege auf die Sachleistungen anrechnen lassen. So erhalten Sie das volle Pflegegeld bis die Beträge der Verhinderungspflege aufgebraucht sind. Danach wird in Kombinationsleistungen abgerechnet.

Verwandte bis zum 2. Grad können 817,50 Euro erhalten. Fahrkosten und Lohnausfall können gesondert vergütet werden.

Kurzzeitpflege

Bedeutet ganztägige Unterbringung im Pflege- oder Altersheim, wenn die häusliche Pflege zeitweise nicht gewährleistet werden kann. Maximal können 8 Wochen Kurzzeitpflege pro Kalenderjahr in Anspruch genommen werden.

Wichtig:

Falls Sie die Kurzzeitpflege nicht oder nur teilweise brauchen, können Sie die Hälfte des zustehenden Betrages der Kurzzeitpflege für die Verhinderungspflege nutzen. Somit haben Sie dann 2418 Euro bei der Verhinderungspflege zur Verfügung. Man kann auch generell den Antrag auf stundenweise Verhinderungspflege stellen. Dies hat den Vorteil, dass das ganze Pflegegeld als Geldleistung ausgezahlt wird. Die Leistung der Sozialstation wird dann über die Verhinderungspflege abgerechnet und der Betrag der Verhinderungspflege wird aufgebraucht. Informieren Sie sich bei Ihrer Kranken-/Pflegekasse.

Leistungsbetrag Vollstationär

Diese Leistung wird bei vollstationärer Pflege im Alters- oder Pflegeheim bezahlt. Reicht diese Leistung zur Kostendeckung nicht aus, ist der fehlende Betrag in Eigenleistung zu erbringen.

Pflegehilfsmittel

Z. B. Einmalbettschutzeinlagen, Einmalhandschuhe, Fingerlinge, Desinfektionsmittel für Hände und Flächen, Schutzschürzen, Mundschutz etc. werden monatlich bis 40 Euro bezahlt.

Leistungen Pflegegrad 4

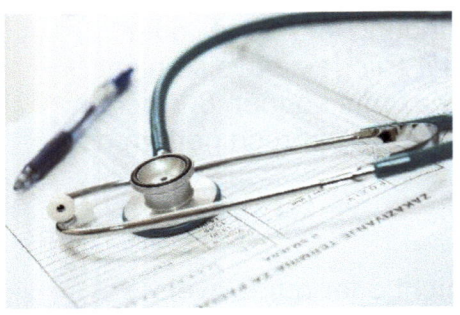

Pflegegeld monatlich	725.- Euro
Sachleistungen monatlich	1.612.- Euro
Entlastungsbetrag monatlich Siehe Leistungen Pflegegrad 1	125.- Euro
Verhinderungspflege jährlich	1.612.- Euro
Leistungsbeitrag Vollstationär monatlich	1.775.- Euro
Pflegehilfsmittel z. Verbrauch - monatlich	40.- Euro
Wohnumfeldverbessernde Maßnahmen - einmalig	4.000.- Euro

Pflegegeld

Pflege wird in den eigenen vier Wänden durch Privatpersonen sichergestellt. Bei Krankenhausaufenthalt, Reha etc. wird das Pflegegeld längstens 28 Tage weitergezahlt.

Sachleistungen

Die Pflege wird in den eigenen vier Wänden ausschließlich durch einen ambulanten Pflegedienst sichergestellt.

Kombinationsleistungen

Wird der Sachleistungsbetrag in der Höhe nicht ganz ausgenutzt und ist zudem eine Privatperson an der Pflege beteiligt, wird das Pflegegeld anteilig gezahlt.

Beispiel:

Der Pflegedienst rechnet 806.- Euro ab. Das sind 50% der Sachleistungen im Pflegegrad 4. Somit werden 50% des Pflegegelds von 728.- Euro, also 364.- Euro ausgezahlt. Die Abrechnung erfolgt also immer prozentual.

Verhinderungspflege

Bei Verhinderung der Pflegeperson übernimmt die Pflegekasse unter Umständen die Kosten für die Ersatzpflegekraft.

Wichtig:

Bis zu 2.418.- Euro kann der Verhinderungspflegebetrag maximal betragen, wenn die Kurzzeitpflege nicht oder nur teilweise ausgeschöpft ist. Sie können auch den Betrag der Verhinderungspflege auf die Sachleistungen anrechnen lassen. So erhalten Sie das volle Pflegegeld bis die Beträge der Verhinderungspflege aufgebraucht sind. Danach wird in Kombinationsleistungen abgerechnet.

Verwandte bis zum 2. Grad können 1.092 Euro erhalten. Fahrkosten und Lohnausfall können gesondert vergütet werden.

Kurzzeitpflege

Bedeutet ganztägige Unterbringung im Pflege- oder Altersheim, wenn die häusliche Pflege zeitweise nicht gewährleistet werden kann. Maximal können 8 Wochen Kurzzeitpflege pro Kalenderjahr in Anspruch genommen werden.

Wichtig:

Falls Sie die Kurzzeitpflege nicht oder nur teilweise brauchen, können Sie die Hälfte des zustehenden Betrages der Kurzzeitpflege für die Verhinderungspflege nutzen. Somit haben Sie dann 2418 Euro bei der Verhinderungspflege zur Verfügung. Man kann auch generell den Antrag auf stundenweise Verhinderungspflege stellen. Dies hat den Vorteil, dass das ganze Pflegegeld als Geldleistung ausgezahlt wird. Die Leistung der Sozialstation wird dann über die Verhinderungspflege abgerechnet und der Betrag der Verhinderungspflege wird aufgebraucht. Informieren Sie sich bei Ihrer Kranken-/Pflegekasse.

Leistungsbetrag Vollstationär

Diese Leistung wird bei vollstationärer Pflege im Alters- oder Pflegeheim bezahlt. Reicht diese Leistung zur Kostendeckung nicht aus, ist der fehlende Betrag in Eigenleistung zu erbringen.

Pflegehilfsmittel

Z. B. Einmalbettschutzeinlagen, Einmalhandschuhe, Fingerlinge, Desinfektionsmittel für Hände und Flächen, Schutzschürzen, Mundschutz etc. werden monatlich bis 40 Euro bezahlt.

Leistungen Pflegegrad 5

Pflegegeld monatlich	901.- Euro
Sachleistungen monatlich	1.995.- Euro
Entlastungsbetrag monatlich	125.- Euro

==Siehe Leistungen Pflegegrad 1==

Verhinderungspflege jährlich	1.612.- Euro
Leistungsbeitrag Vollstationär monatlich	2.005.- Euro
Pflegehilfsmittel z. Verbrauch - monatlich	40.- Euro
Wohnumfeldverbessernde Maßnahmen - einmalig	4.000.- Euro

Pflegegeld

Pflege wird in den eigenen vier Wänden durch Privatpersonen sichergestellt. Bei Krankenhausaufenthalt, Reha etc. wird das Pflegegeld längstens 28 Tage weitergezahlt.

Sachleistungen

Die Pflege wird in den eigenen vier Wänden ausschließlich durch einen ambulanten Pflegedienst sichergestellt.

Kombinationsleistungen

Wird der Sachleistungsbetrag in der Höhe nicht ganz ausgenutzt und ist zudem eine Privatperson an der Pflege beteiligt, wird das Pflegegeld anteilig gezahlt.

Beispiel:

Der Pflegedienst rechnet 997,50.- Euro ab. Das sind 50% der Sachleistungen im Pflegegrad 5. Somit werden 50% des Pflegegelds von 901.- Euro, also 450,50.- Euro ausgezahlt. Die Abrechnung erfolgt also immer prozentual.

Verhinderungspflege

Bei Verhinderung der Pflegeperson übernimmt die Pflegekasse unter Umständen die Kosten für die Ersatzpflegekraft.

Wichtig:

Bis zu 2.418.- Euro kann der Verhinderungspflegebetrag maximal betragen, wenn die Kurzzeitpflege nicht oder nur teilweise ausgeschöpft ist. Sie können auch den Betrag der Verhinderungspflege auf die Sachleistungen anrechnen lassen. So erhalten Sie das volle Pflegegeld bis die Beträge der Verhinderungspflege aufgebraucht sind. Danach wird in Kombinationsleistungen abgerechnet.

Verwandte bis zum 2. Grad können 1.351,50 Euro erhalten. Fahrkosten und Lohnausfall können gesondert vergütet werden.

Kurzzeitpflege

Bedeutet ganztägige Unterbringung im Pflege- oder Altersheim, wenn die häusliche Pflege zeitweise nicht gewährleistet werden kann. Maximal können 8 Wochen Kurzzeitpflege pro Kalenderjahr in Anspruch genommen werden.

Wichtig:

Wird die Kurzzeitpflege nicht oder nur teilweise genutzt, erhöht sich Betrag auf 3.224.- Euro. Erstattung der Eigenanteile und Investitionskosten ist über den Entlastungsbeitrag möglich.

Leistungsbetrag Vollstationär

Diese Leistung wird bei vollstationärer Pflege im Alters- oder Pflegeheim bezahlt. Reicht diese Leistung zur Kostendeckung nicht aus, ist der fehlende Betrag in Eigenleistung zu erbringen.

Pflegehilfsmittel

Z. B. Einmalbettschutzeinlagen, Einmalhandschuhe, Fingerlinge, Desinfektionsmittel für Hände und Flächen, Schutzschürzen, Mundschutz etc. werden monatlich bis 40 Euro bezahlt.

Sonstige Leistungen

Es gibt viele weitere und nützliche Leistungen. Es kann manchmal verwirrend sein, das richtige zu finden bzw. überhaupt zu wissen, was es alles gibt.

Pflegekurse

Um die Pflege von Angehörigen zu erleichtern, bzw. gewährleisten zu können, bieten die meisten Kranken-/Pflegekassen spezielle Pflegekurse an. Bitte sprechen Sie mit Ihrer Kranken-/Pflegekasse.

Soziale Sicherung für pflegende Angehörige

Wer mindestens 10 Stunden, verteilt auf mindestens 2 Tage in der Woche seinen Angehörigen pflegt, wird in der Renten- und Arbeitslosenversicherung sowie der Unfallversicherung der Berufsgenossenschaften gesichert.
Beispiel: Wegeunfall beim Einkauf für den Pflegebedürftigen, Infektion durch Pflegebedürftige, Sturz etc. Voraussetzung ist mindestens Pflegegrad 2.

Rentenversicherung

Die Kranken-/Pflegekasse zahlt in der Regel für die Pflegeperson Beiträge in die Rentenversicherung ein, wenn die in der Woche nicht mehr als 30 Stunden im Arbeitsverhältnis oder selbständig beschäftigt ist und kein Bezug einer Vollrente oder ähnlichem erhält.

Arbeitsfreistellung bis zu 10 Tagen

Jeder Arbeitnehmer hat das Recht, seine Arbeit bis zu 10 Tagen niederzulegen, um eine akute Pflegesituation von Angehörigen zu organisieren. Die Kranken-/Pflegekasse zahlt Pflegeunterstützungsgeld. Es gleicht entgangenes Arbeitsendgeld weitestgehend aus.

Sechs Monate Pflegezeit

Beschäftigten können ganz oder teilweise für 6 Monate aus dem Beruf aussteigen, um Angehörige zu pflegen. Ein Rechtsanspruch besteht ab einer Firmengröße von mindestens 15 Mitarbeitern.

Ein zinsloses Darlehen für diese Zeit kann man beim Bundesamt für Familie und zivilgesellschaftliche Aufgaben beantragen, um den Einkommensausfall für diese Zeit zu mildern.

24 Monate Familienpflegezeit

Wenn Angehörige längerfristig pflegebedürftig sind, können Beschäftigte die Wochenarbeitszeit auf 15 Stunden reduzieren. Auch hier kann ein zinsloses Darlehen beim Bundesamt für Familie und zivilgesellschaftliche Aufgaben beantragt werden. Einen Rechtsanspruch hat man ab einer Firmengröße von 25 Mitarbeitern.

KfW Zuschussportal

Die Kreditanstalt für Wiederaufbau, KfW, gibt Zuschüsse zu Umbaumaßnahmen, falls das Wohnumfeld altersgerecht bzw. barrierefrei gestaltet werden soll.

Ob Sie einen Anspruch haben, prüfen Sie direkt unter:

https://public.kfw.de/zuschussportal-web/

Betreutes Reisen

Als Mensch mit Beeinträchtigung braucht man nicht auf Reisen zu verzichten. Mittlerweile gibt es viele Anbieter die es Pflegebedürftigen und beeinträchtigten Menschen ermöglichen, die Welt zu erkunden. Nachfolgend ein paar Links:

https://www.vdk-reisen.de/

https://www.drk.de/hilfe-in-deutschland/senioren/soziale-aktivitaeten/betreutes-reisen/

https://www.behindertenreisen.de/ausflugsziele/betreutes-reisen-292.html

Mittlerweile gibt es Pflegehotels mit angegliedertem ambulantem Pflegedienst. Alle notwendigen Hilfsmittel werden zu Verfügung gestellt, beginnend beim Pflegebett, Lifter, Rollstuhl usw.

Infos auch unter https://pflegeblock.de/betreute-reisen/

Literaturhinweise

Kostenfreie Literatur empfehle ich Ihnen nachfolgend:

https://www.bundesregierung.de/breg-de/service/publikationen/ratgeber-pflege-392500

https://www.bundesregierung.de/breg-de/service/publikationen?page=1&query=pflege

https://www.bundesregierung.de/breg-de/service/publikationen?page=0&query=pflege--pflegeleistungen

https://www.bundesregierung.de/breg-de/service/publikationen?page=0&query=pflege--pflegebed%C3%BCrftig

https://www.bundesregierung.de/breg-de/service/publikationen?page=0&query=pflege--ratgeber%20f%C3%BCr%20menschen%20mit%20behinderung

https://www.bundesregierung.de/breg-de/service/publikationen?page=0&query=ratgeber%20f%C3%BCr%20menschen%20mit%20behinderung

Falls die Bücher und Broschüren vergriffen, oder nicht mehr unter den Links auffindbar sind, nutzen Sie die Suchfunktion der jeweiligen Webseite.

Hilfsmittel in der häuslichen Pflege

Das häufigste Hilfsmittel dürfte das Pflegebett sein. Es gibt Pflegebetteinsätze, die in jedes Ehebett passen.

Nachfolgend eine Liste von Hilfsmitteln, die manchmal unverzichtbar sind:

+ Toiletten- bzw. Duschstuhl

+ Badewannen- bzw. Bett-Lifter

+ Rutschbrett

+ Treppenlift oder Treppensteighilfe

+ Notrufsystem

+ Rollstuhl – Elektrorollstuhl und/oder Aktivrollstuhl

+ Hörgerät

+ Brille

+ Bettgalgen

+ Sitz- bzw. Aufstehhilfe

+ Katheter

+ Stoma

Das sind die wichtigsten Hilfsmittel. Sprechen Sie mit dem medizinischen Dienst und/oder Ihrer persönlichen Pflegeberater/in. Ihr Hausarzt verordnet Ihnen alles bei Notwendigkeit. Suchen Sie sich ein Sanitätshaus Ihres Vertrauens.

Manchmal kann es sinnvoll sein, Umbaumaßnahmen in Auge zu fassen.

Barrierefreies Bad, Treppen durch Rampe ersetzen, Aufzug oder Treppenlift installieren usw.

Die Kranken-/Pflegekasse zahlt Ihnen dafür einmalig 4.000.- Euro. Sollte Ihr Partner ebenfalls pflegebedürftig sein, können Sie maximal bis 8.000.- Euro erhalten.

Bei Behinderten-WG´s ist die Höchstgrenze 16.000.- Euro.

Begutachtung MDK

Nachfolgend lesen Sie die Originalfragen meines MDK-Gutachtens zur Feststellung der Pflegebedürftigkeit gemäß SGB XI

Wichtig:

Ziehen bei der Begutachtung eine Person Ihres Vertrauens hinzu, damit Sie im Zweifelsfall einen Zeugen benennen können.

Sind Sie mit dem Ergebnis der Begutachtung nicht einverstanden, können Sie innerhalb 4 Wochen Widerspruch einlegen. Sinnvoll kann es sein, einen Sozialverband wie beispielsweise den VDK, an seiner Seite zu haben, damit man rechtlichen Beistand hat.

Antworten zu den Fragen:

Die Antwortmöglichkeiten sind meist vorgegeben. Man wählt unter:

+ Selbständig

+ Überwiegend selbständig

+ Überwiegend unselbständig

+ Unselbständig

Jede Antwort ergibt eine vorgegebene Punktzahl, die am Ende addiert wird und so die Pflegebedürftigkeit belegt.

Wenn Sie ausführlichste Informationen möchten, laden Sie die Broschüre:(Auch unter www.pflegeblock.de)

https://www.mdk.de/fileadmin/MDK-zentraler-Ordner/Downloads/01_Pflegebegutachtung/2017-07_Begutachtungsrichtlinie_GKV_Pflegebegutachung.pdf

Fragen zu Modul 1:

Mobilität

+ Positionswechsel im Bett

+ Halten einer stabilen Sitzposition

+ Umsetzen

+ Fortbewegen innerhalb des Wohnbereichs

+ Treppensteigen

Die Antwortmöglichkeiten sehen Sie auf Seite 32.

Kognitive und kommunikative Fähigkeiten

+ Erkennen von Personen aus dem näheren Umfeld

+ Örtliche Orientierung

+ Zeitliche Orientierung

+ Erinnern an wesentliche Ereignisse oder Beobachtungen

+ Steuern von mehrschrittigen Alltagshandlungen

+ Treffen von Entscheidungen im Alltagsleben

+ Verstehen von Sachverhalten und Informationen

+ Erkennen von Risiken und Gefahren

+ Mitteilen von elementaren Bedürfnissen

+ Verstehen von Aufforderungen

+ Beteiligen an einem Gespräch

Die Antwortmöglichkeiten sehen Sie auf Seite 32.

34

Verhaltensweisen und psychische Problemlagen

+ Motorisch geprägte Verhaltensauffälligkeiten

+ Nächtliche Unruhe

+ Selbstschädigendes und autoaggressives Verhalten

+ Beschädigen von Gegenständen

+ Psychisch aggressives Verhalten gegenüber anderen Menschen

+ Verbale Aggression

+ Andere pflegerelevante vokale Auffälligkeiten

+ Abwehr pflegerischer oder anderer unterstützender Maßnahmen

+ Wahnvorstellungen

+ Ängste

+ Antriebslosigkeit bei depressiver Stimmungslage

+ Sozial inadäquate Verhaltensweisen

+ Sonstige pflegerelevante inadäquate Handlungen

Die Antwortmöglichkeiten sehen Sie auf Seite 32.

Selbstversorgung – Bewertung

+ Waschen des vorderen Oberkörpers

+ Körperpflege im Bereich des oberen Kopfes

+ Waschen des Intimbereichs

+ Duschen und Baden einschl. Waschen der Haare

+ An- und Auskleiden des Oberkörpers

+ An- und Auskleiden des Unterkörpers

+ Mundgerechtes Zubereiten der Nahrung und Eingießen von Getränken

+ Essen

+ Trinken

+ Benutzen einer Toilette oder eines Toilettenstuhls

+ Bewältigen der Folgen einer Harninkontinenz und Umgang mit Dauerkatheter und Urostoma

+ Bewältigen der Folgen einer Stuhlinkontinenz und Umgang mit Stoma

+ Ernährung parenteral oder über Sonde

Die Antwortmöglichkeiten sehen Sie auf Seite 32.

Bewältigung von und selbständiger Umgang mit krankheits- oder therapiebedingten Anforderungen und Belastungen – Angaben zur Versorgung

Angaben zur ärztlichen und medikamentösen Versorgung

+ Arztbesuche: Häufigkeit

+ Medikamente: Häufigkeit der Einnahme

+ Angaben zur laufenden Heilmitteltherapie – Häufigkeit

+ Angaben zu behandlungspflegerischen und anderen
  therapeutischen Maßnahmen – Häufigkeit

+ Spezielle Krankenbeobachtung gemäß Position 24
  HKP-Richtlinie?

+ **Entfällt oder Selbständig**

+ **Häufigkeit der Hilfe**

+ Medikation

+ Injektionen

+ Versorgung intravenöser Zugänge (z. B. Port)

+ Absaugen und Sauerstoffgabe

+ Einreibungen oder Kälte- und Wärmeanwendungen

+ Messung und Deutung von Körperzuständen

+ Versorgung mit Stoma

+ Regelmäßige Einmalkatheterung und Nutzung von
  Abführmethoden

+ Therapiemaßnahmen in häuslicher Umgebung

+ Arztbesuche

+ Besuche anderer medizinischer oder therapeutischer
  Einrichtungen (bis zu 3 Stunden)

+ Zeitlich ausgedehnte Besuche medizinischer oder
  therapeutischer Einrichtungen (länger als 3 Stunden)

+ Einhalten einer Diät und anderer krankheits- oder
  therapiebedingter Verhaltensvorschriften

Gestaltung des Alltagslebens und sozialer Kontakte

+ Gestaltung des Tagesablaufs und Anpassung an
  Veränderungen

+ Ruhen und Schlafen

+ Sich beschäftigen

+ Vornehmen von in die Zukunft gerichteten Planungen

+ Interaktionen mit Personen im direkten Umfeld

+ Kontaktpflege zu Personen außerhalb des direkten
  Umfelds

39

Die Antwortmöglichkeiten sehen Sie auf Seite 32.

Berechnung der 5 Pflegegrade

Jede Frage in jedem Modul birgt eine Punktzahl. Nach Auswertung aller Module werden die Punkte addiert und dementsprechend wird die Einstufung in den passenden Pflegegrad vorgenommen:

+ Pflegegrad 1:   ab 12,5 bis unter 27 Punkte

+ Pflegegrad 2:   ab 27 bis unter 47,5 Punkte

+ Pflegegrad 3:   ab 47,5 bis unter 70 Punkte

+ Pflegegrad 4:   ab 70 bis unter 90 Punkte

+ Pflegegrad 5:   ab 90 bis 100 Punkte

Gewichtung der Punkte in den einzelnen Modulen

+ Modul 1:   Gewichtung 10 %

+ Modul 2 oder 3:   Gewichtung 15 %

                     Der höhere Wert fließt in die

                     Berechnung ein

+ Modul 4:   Gewichtung 40 %

+ Modul 5:   Gewichtung 20 %

+ Modul 6:   Gewichtung 15 %

Dauerrezept für chronisch Kranke ab 2020

Menschen mit chronischen Erkrankungen können ab 2020 von ihrem Arzt ein sogenanntes Wiederholungsrezept bekommen.

Interessant für alle, die regelmäßig ein bestimmtes Medikament einnehmen müssen. Die Verbraucherzentrale NRW schreibt folgendes:

"Die Mediziner können auf dem Rezept vermerken, ob und wie oft das verordnete Medikament auf dieselbe Verschreibung wiederholt abgegeben werden darf. Pro Rezept sind nach der Erstausgabe maximal drei weitere "Lieferungen" durch den Apotheker möglich.

41

Auch muss der Arzt angeben, wie lange das Folgerezept nach der Erstausgabe gültig ist. Fehlt diese Angabe, bleibt die Verschreibung drei Monate gültig. Das Arzneimittel ist jeweils in der gleichen Packungsgröße abzugeben. Tierarzneimittel sind von der Neuregelung ausgenommen".

Laut Gesetzgeber ist chronisch krank, wer mindestens einen Arztbesuch pro Quartal wegen derselben Krankheit über die Dauer von mindestens einem Jahr nachweisen kann. Zusätzlich sollte mindestens eins der folgenden Kriterien erfüllt werden:

- entweder Pflegebedürftigkeit des Pflegegrades 3, 4 oder 5 oder aber ein Grad der Behinderung beziehungsweise eine Minderung der Erwerbsfähigkeit von mindestens 60 Prozent

- oder wenn eine kontinuierliche medizinische Versorgung benötigt wird, ohne die nach ärztlicher Einschätzung eine lebensbedrohliche Verschlimmerung der Erkrankung, eine Verminderung der Lebenserwartung oder eine dauerhafte Beeinträchtigung der Lebensqualität durch die von der Krankheit verursachte Gesundheitsstörung zu erwarten ist.

Zu den chronischen Krankheiten, die eine Dauerbehandlung erfordern, können zum Beispiel Diabetes mellitus, Asthma, die chronisch obstruktive Atemwegserkrankung oder die koronare Herzkrankheit gehören.

Neues Gesetz soll Angehörige entlasten

Familienangehörige von Pflegebedürftigen werden künftig weit seltener als bisher für deren Unterhalt zur Kasse gebeten. Nur wer mehr als 100.000 Euro brutto im Jahr verdient, soll noch finanziell herangezogen werden.

Das Kabinett beschloss dazu jetzt das **Angehörigen-Entlastungsgesetz** von SPD-Sozialminister Hubertus Heil, das nun das parlamentarische Verfahren durchläuft. Gesetz betrifft auch Menschen mit Behinderung.

Quelle: n-tv.de, aeh/AFP/dpa

43

Schlusswort

Das eBook stellt keine Rechtsberatung dar. Er stellt Ihnen meine Erfahrungen als pflegebedürftige Person zur Verfügung.

Die Angaben wurden nach bestem Wissen und Gewissen gemacht. Grundlagen sind zudem Recherchen bei Kranken-/Pflegekassen und dem Bundesministerium für Gesundheit.

Sollte Ihnen eine Falschinformation auffallen oder sonst ein Fehler, mailen Sie mir dieses unter

pflegeblock@web.de

www.pflegeblock.de

Vielen Dank!

Peter Jürgen Stäb